똑똑교양 5

스마트폰을 쓸 때도 물이 필요해! : 그 기원에서 쓰임까지 물에 관한 모든 것

글 크리스티나 슈타인라인 | 그림 미케 샤이어 | 옮김 박종대

초판 1쇄 발행 2022년 5월 15일 | 초판 4쇄 발행 2025년 6월 2일 | ISBN 979-11-5836-321-5, 979-11-5836-206-5(세트)

펴낸이 임선희 | 펴낸곳 ㈜책읽는곰 | 출판등록 제2017-000301호 | 주소 서울시 마포구 성지길 48 | 전화 02-332-2672~3
팩스 02-338-2672 | 홈페이지 www.bearbooks.co.kr | 전자우편 bear@bearbooks.co.kr | SNS Instagram@bearbooks_publishers
편집 우지영, 우진영, 최아라, 박혜진, 김다예, 윤주영, 도아라, 홍은채 | 디자인 디자인서가, 강효진, 김은지, 강연지, 윤금비
마케팅 정승호, 배현석, 김선아, 이서윤, 백경희, 김현정 | 경영관리 고성림, 이민종 | 저작권 민유리 | 협력업체 이피에스,
두성피앤엘, 월드페이퍼, 원방드라이보드, 해인문화사, 으뜸래핑, 문화유통북스

Ohne Wasser geht nichts!-Alles über den wichtigsten Stoff der Welt von Chtistina Steinlein/Mieke Scheier
ⓒ 2020 Beltz & Gelberg, in the publishing group Beltz- Weinheim Basel
Korean Translation Copyright ⓒ 2022 by Bear Books Inc.
All rights reserved.
The Korean language edition published by arrangement with
Julius Beltz GmbH&Co. KG through MOMO Agency, Seoul.

이 책의 한국어판 저작권은 모모 에이전시를 통해 Julius Beltz GmbH&Co. KG 사와의 독점 계약으로 ㈜책읽는곰에 있습니다.
저작권법에 의해 한국 내에서 보호를 받는 저작물이므로 무단 전재와 무단 복제를 금합니다.

KC마크는 이 제품이 공통안전기준에 적합하였음을 의미합니다.
제조국: 대한민국 | 사용 연령: 3세 이상
책 모서리에 부딪히거나 종이에 베이지 않도록 주의해 주세요.

그 기원에서 쓰임까지 물에 관한 모든 것

스마트폰을 쓸 때도 물이 필요해!

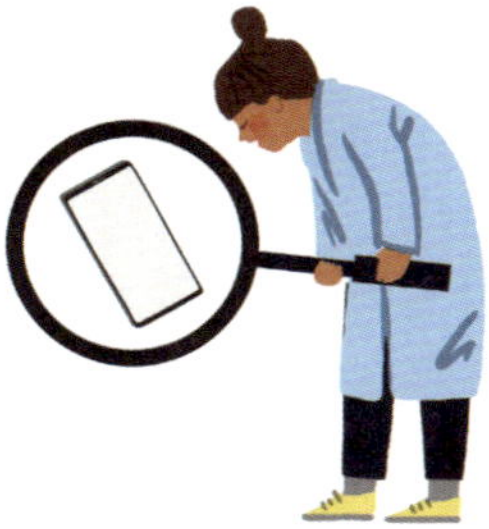

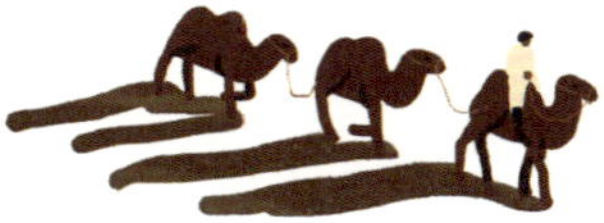

크리스티나 슈타인라인 글
미케 샤이어 그림 | 박종대 옮김

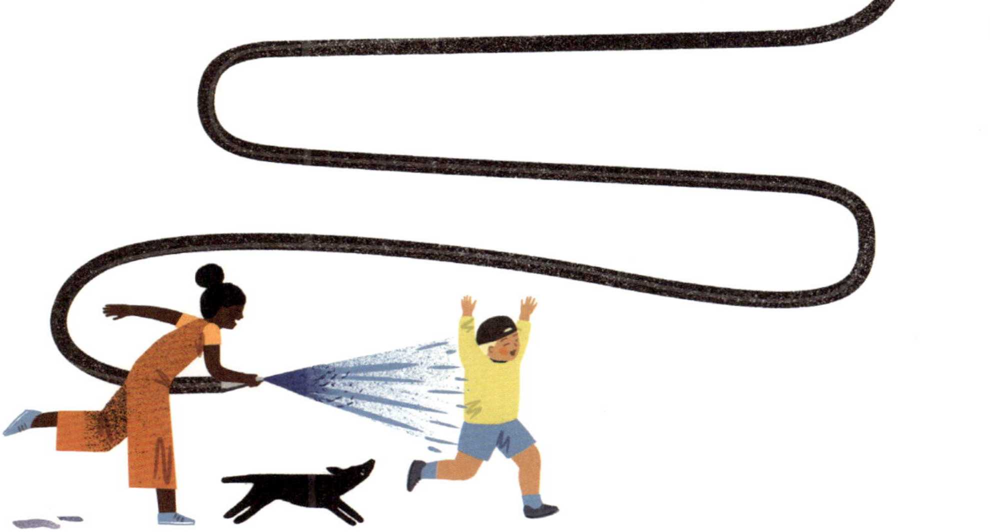

책읽는곰

물이 없으면 우리는 여기 없을 거야.

물은 모든 생명의 근원이야. 물 없이는 아무것도 할 수 없지. 우리는 날마다 물과 마주해. 물을 마시고, 물로 손을 씻고, 물이 들어 있는 물건을 사. 그런데도 그 사실을 잊고 살 때가 많아. 물이 있는 걸 너무도 당연하게 여기기 때문이지.

우리는 하루에 한 명당 평균 290리터가 넘는 물을 써.

물병에 담으면 이렇게나 많지.

우리 몸도 물 없이는 돌아가지 않아.

우리 몸은 대부분 물로 이루어져 있어. 어린이는 몸의 3분의 2 정도가 물이고, 어른은 그보다 조금 적어.

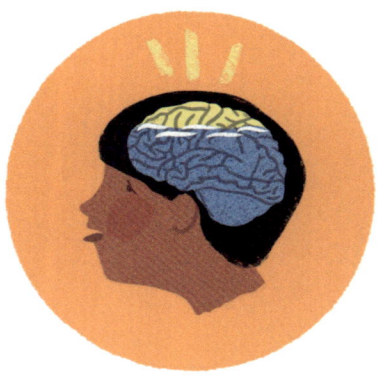

뇌의 70~90퍼센트는 물이야. 목이 마른데도 물을 마시지 않으면 집중력과 기억력이 떨어져. 이런 일이 일어나지 않도록 뇌의 시상하부는 우리에게 계속 목이 마르다는 신호를 보내.

운반

1 우리는 **숨**을 쉴 때 공기 중의 물도 같이 들이마셨다 내뱉어. 유리창에 숨을 '호' 하고 불면 김이 서리는 건 숨에 물기가 있어서야.

냉각

4 땀은 우리 몸에서 에어컨 역할을 해. 열이 나거나, 힘든 일을 하거나, 날이 무척 더우면 **땀샘**에서 액체가 분비돼. 그게 바로 땀이지. 땀은 증발하면서 피부를 식혀 줘.

2 우리 몸의 **혈액**도 대부분 물로 이루어져 있어. 혈액은 몸속의 혈관을 돌며 산소와 영양분을 운반해. 물이 없으면 혈액이 우리 몸속에서 흐르지 못해.

배출

5 **콩팥**은 몸속의 불필요한 물질을 걸러 내. 이 물질들은 오줌이 되어 몸 밖으로 나오지. 오줌은 대부분 물로 이루어져 있어.

3 세포 사이를 흐르는 **림프액**도 대부분 물로 이루어져 있어. 림프액은 영양분을 혈관으로 나르고, 우리 몸에 들어온 병원균을 물리치지. 림프계를 돌며 할 일을 다 마치면 정맥으로 들어가 혈액의 일부가 돼.

지구에서 가장 눈에 띄는 점은
물이 참 많다는 거야.

지구는 표면의 3분의 2가 물로 덮여 있어.
물은 생명의 원천이야. 물 없이는 사람뿐 아니라
동물과 식물도 살지 못해. 지금껏 태양계에서
강과 바다, 호수가 발견된 행성은 지구 말고는
없어.
지구의 물은 97퍼센트 정도가 소금물이야.
나머지 3퍼센트만 마실 수 있는 담수지.
하지만 담수 중 많은 양이 고산 지대와 극지방에
빙하 형태로 갇혀 있어. 게다가 땅 밑에 지하수로
숨어 있는 것도 많아. 지구의 물 가운데
강과 호수가 차지하는 부분은 아주 적어.
결국 지구에는 물이 무척 많지만, 정작 우리가
쓸 수 있는 물은 아주 적어.

태평양

지구의 물은 어떻게 생겨났을까?

과학자들은 물이 이렇게 생겨났을 거라고 생각해. 45억 년 전 지구는 우주에 떠 있는 불덩이였어. 수천 도가 넘는 이 뜨거운 불덩이에는 수많은 물질이 섞여 있었는데, 수증기도 그중 하나였어. 이 수증기는 지구가 생겨날 때부터 있었다는 주장도 있고, 지구와 다른 천체가 충돌하면서 옮겨 왔다는 주장도 있어.

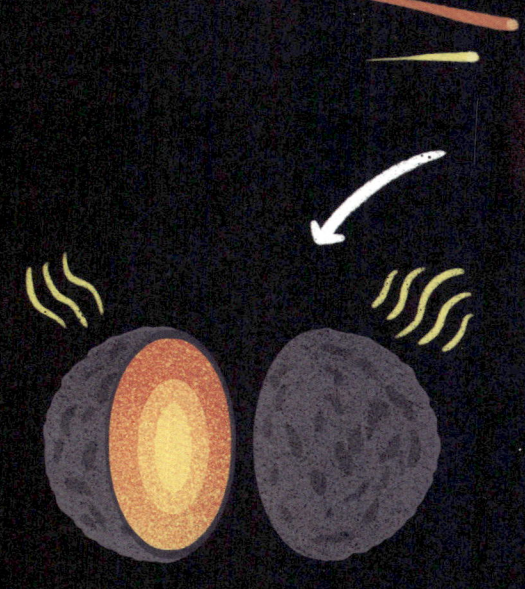

시간이 가면서 불덩이였던 지구는 차츰 식었어. 가장 먼저 액체 상태이던 암석이 단단하게 굳으면서 지구의 가장 바깥층을 이루는 지각이 생겨났지. 하지만 여전히 생명체가 살 수 없을 만큼 뜨거웠어.

지금도 뜨거운 지구의 핵은 지각으로 둘러싸여 있어. 그래서 화산이 폭발하면 뜨거운 용암이 지표면으로 흘러나와.

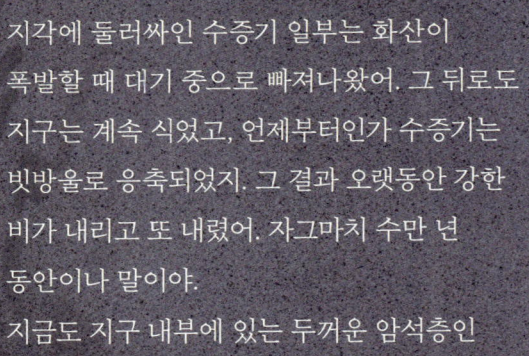

지각에 둘러싸인 수증기 일부는 화산이 폭발할 때 대기 중으로 빠져나왔어. 그 뒤로도 지구는 계속 식었고, 언제부터인가 수증기는 빗방울로 응축되었지. 그 결과 오랫동안 강한 비가 내리고 또 내렸어. 자그마치 수만 년 동안이나 말이야.

지금도 지구 내부에 있는 두꺼운 암석층인 맨틀에는 엄청난 양의 물이 갇혀 있어. 바다에 있는 물보다 세 배쯤 많을 것으로 추정돼.

게다가 얼음덩어리나 다름없는 혜성이 지구에 계속 떨어지면서 물이 더 늘어났어.

지구의 생명은 어떻게 생겨났을까?

물이 생겨난 뒤에도 지구는 여전히 큰 혼란에 빠져 있었어. 우주에서 쏟아지는 방사선과 자외선 때문에 지표면에서는 생명이 살 수 없었어. 이것도 과학자들이 생명이 물속에서 생겨났을 거라고 생각하는 여러 가지 이유 중 하나야.

물속도 혼란스럽기는 마찬가지였어. 태양 복사열은 수면을 뜨겁게 데우고, 번개와 화산 폭발은 시시때때로 물을 들끓게 했지.

물속에 녹아 있던 분자들은 서로 합쳐졌다 나눠졌다를 거듭했어. 그러다 우연히 지구에 사는 모든 생명체를 구성하는 성분인 **아미노산**이 생겨났어.

아미노산은 생물의 몸을 이루는 단백질의 기본 성분이야.

과학자들은 35억 년 전쯤 지구에 살았던 것으로 짐작되는 박테리아를 발견했어. 바로 **남세균**이야. 남세균은 엽록소를 가지고 광합성을 하는 세균으로, 세포핵을 둘러싼 막이 없는 원핵생물이지.

15억 년 뒤에는 핵막으로 둘러싸인 핵이 있는 **단세포 진핵생물**이 생겨났어. 사람도 수많은 진핵 세포로 이루어진 진핵생물이지.

단세포 생물이 나온 뒤에 첫 **다세포 생물**이 탄생했어. 오늘날의 해면과 해파리의 조상이야. 다세포 생물이 생겨난 뒤 생명체는 점점 더 복잡해지기 시작했어.

 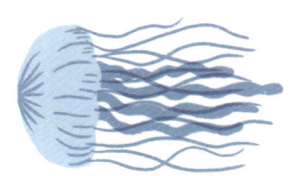

사람들은 늘 물 가까이에서 살았어.

물이 있으면 먹을 것도 있기 마련이야. 물 근처에서 식물이 자라거든. 그래서 사람들은 주로 강과 호수, 바다 근처에 마을을 이루고 살았어.

거기서 사람들은 동물을 기르고 식물을 재배하기 시작했어. 물은 예나 지금이나 생물에게 없어서는 안 되는 물질이지.

물은 소중한 만큼 위험하기도 했어. 사람과 가축뿐 아니라 위험한 맹수도 끌어들였거든. 물속에서 더 빨리 움직이는 동물도 많았어. 사람은 그런 동물들의 먹잇감이 되기 십상이었지. 게다가 물에 빠져 죽을 위험도 있었어.

물은 아주 독특한 성질을 갖고 있어.

그건 여름철 호숫가에 가면 쉽게 관찰할 수 있어. 물은 일단 표면이 비교적 따뜻해.

그런데 물속으로 들어가면 차갑게 느껴져. 찬물이 따뜻한 물보다 무거워서 밑으로 가라앉거든. 그런 점에선 물도 다른 화학 물질과 성질이 같아. 차가워지면 무게와 밀도가 증가하지.

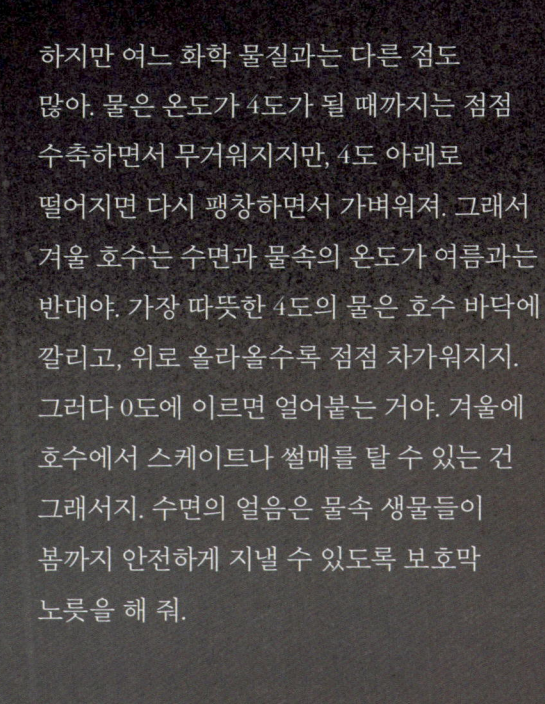

하지만 여느 화학 물질과는 다른 점도 많아. 물은 온도가 4도가 될 때까지는 점점 수축하면서 무거워지지만, 4도 아래로 떨어지면 다시 팽창하면서 가벼워져. 그래서 겨울 호수는 수면과 물속의 온도가 여름과는 반대야. 가장 따뜻한 4도의 물은 호수 바닥에 깔리고, 위로 올라올수록 점점 차가워지지. 그러다 0도에 이르면 얼어붙는 거야. 겨울에 호수에서 스케이트나 썰매를 탈 수 있는 건 그래서지. 수면의 얼음은 물속 생물들이 봄까지 안전하게 지낼 수 있도록 보호막 노릇을 해 줘.

물을 화학식으로 나타내면 H_2O야.

물은 산소와 수소로 이루어져 있어. 정확히 말하면 산소 원자 하나에 수소 원자 두 개가 결합한 형태지. 이게 물의 기본 구조인데, 흔히 **물 분자**라고 불러.

물 분자는 무척 견고하게 연결되어 있어. 원자들이 서로를 꽉 붙들고 있지(**수소 결합**). 그래서 물은 실온에서 액체 상태를 유지하고 쉽게 증발하지 않아.

물은 세 가지 상태로 나타나.

100도 넘게 가열하면 수증기,
즉 기체가 돼.

100도까지는 액체야.
우리가 아는 물이지.

0도 아래로 떨어지면 고체가 돼.
그게 바로 얼음이야.

지구에는 다양한 종류의 물이 있어.

우선 바닷물과 민물이 있어. 민물은 흐르는 물과 고인 물로 나뉘는데, 둘 다 수많은 동식물에게 삶의 터전이 되어 줘.

육지로 둘러싸인 **호수**에는 상당히 많은 양의 물이 고여 있어.

바다 중에는 지중해나 발트해처럼 대부분이 육지로 둘러싸인 좁은 바다도 있지만, 대륙과 대륙 사이의 드넓은 바다도 있어. 대서양, 태평양, 인도양처럼 넓은 바다는 **대양**이라고 불러.

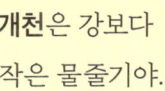

개천은 강보다 작은 물줄기야.

호수 바닥에 흙 같은 퇴적물이 쌓이면 **늪**이 돼.

작은 강은 좀 더 **큰 강**과 합류하고, 큰 강은 바다로 흘러들어 가.

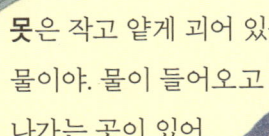

못은 작고 얕게 괴어 있는 물이야. 물이 들어오고 나가는 곳이 있어.

웅덩이도 작고 얕지만, 물이 들어오고 나가는 곳이 없어.

지구의 물은 골고루 흩어져 있지 않아.

온대 지방에서는 거의 모든 계절에 비가 내려.

열대 지방은 지구에서 가장 더운 지역이야.

어떤 지역에서는 몇 달 동안 비가 내리지 않기도 해.

또 어떤 지역에서는 1년 내내 무척 많은 비가 내리고, 풀과 나무가 무성하게 자라 숲을 이뤄. 이런 숲을 열대 우림이라고 불러.

극지방은 추운 사막이라고 할 수 있어.

물은 날씨와 어떤 관련이 있을까?

구름을 움직이는 건 바람이야. 어느 곳에 비가 내릴지는 공기의 흐름에 달려 있어. 내륙 지역보다는 해안 지역에 비가 자주 내려. 바람 방향에 따라 산에 구름이 걸리기도 하지. 그래서 산을 사이에 둔 두 지역 중 한 지역에 훨씬 더 많은 비가 내리기도 해.

바다도 날씨에 영향을 줘. 일종의 거대한 냉난방 시설이라고 생각하면 돼. 날이 더울 때는 열을 흡수해서 주변을 식혀 주고, 추울 때는 저장한 열을 다시 내뿜거든.

바닷물의 흐름은 열을 다른 지역으로 실어 날라. 멕시코 **만류**는 적도의 따뜻한 물을 북유럽으로 실어 나르는 난방 장치 같은 역할을 해. 노르웨이의 해안 지역은 그 덕분에 날씨가 따뜻한 편이야. 하지만 같은 위도에 있는 그린란드는 멕시코 만류의 영향을 받지 않아서 대부분 얼음으로 뒤덮여 있어.

지구에는 눈비가 거의 내리지 않는
지역도 있어.

칠레의 **아타카마 사막**은 지구에서
가장 건조한 곳 중 하나야. 1년 동안
비가 0.1밀리미터도 내리지 않지.
아시아에서는 그보다 훨씬 많은
비가 내려.

아타카마 사막

사하라 사막

아시아

2~7년마다 갑자기 해수면 온도가 올라가는
엘니뇨 현상으로 아타카마 사막처럼 건조한
지역에도 폭우가 쏟아져. 그러면 그때만
기다리고 있었다는 듯 200종이 넘는 식물이
갑자기 자라나 사막을 파란색과 노란색,
보라색으로 물들이지.

남극은 어디를 보나 눈과 얼음뿐이야. 남극 대륙의 2퍼센트 정도는 수백만 년 전부터 눈도 얼음도 볼 수 없는 건조한 계곡이지. 최대 시속 320킬로미터에 이르는 강력한 폭풍이 몰아쳐 계곡의 눈과 얼음을 증발시켜 버리기 때문이야. 남극의 겨울 평균 기온은 영하 50도에 이르고, 여름에도 영하 10도를 넘는 일이 드물어.

사하라 사막은 세계에서 가장 크고 건조한 사막이야. 그래도 비가 1년에 평균 25~45밀리미터는 내려. 물론 그 정도의 물로 살아갈 수 있는 동식물은 아주 드물어. 게다가 사하라 사막은 기온 변화가 무척 심해. 여름에는 낮 기온이 영상 60도까지 올라가고, 겨울에는 밤 기온이 영하 10도까지 내려가지.

이미 지구의 많은 곳이 사람들 때문에 달라져 버렸어.

중앙아시아의 **아랄해**는 한때 지구에서 네 번째로 큰 호수였어. 이 호수는 두 개의 강에서 흘러들어 온 물로 이루어졌는데, 지난 수십 년 동안 사람들이 경작지에 물을 대려고 강물을 너무 많이 끌어가 버렸어.

1960년

그 바람에 1960년대부터 1997년 사이에 수위가 자그마치 18미터나 낮아졌고, 면적도 계속 줄어들고 있어. 예전에는 항구 도시, 해수욕장, 휴양지였던 곳이 지금은 사막으로 변해 버렸어. 그중에는 물가에서 100킬로미터 넘게 멀어진 곳도 있어.

현재

두바이는 사막으로 둘러싸인 해안 도시야. 옛날에 이곳에서 살던 사람들은 진주조개에서 나온 진주를 팔아 살아갔지. 그러다 석유가 발견되면서 많은 사람들이 부자가 되었어.

오늘날 두바이에는 골프장, 수변 공원, 분수가 곳곳에 있어. 모두 바닷물에서 염분을 없앤 물로 운영하는 시설이지. 이 과정에서 어마어마한 양의 화석 연료를 태워 만든 에너지가 쓰여.

두바이에서는 심지어 스키도 탈 수 있어. 인공 눈으로 만든 거대한 실내 스키장은 기온이 영하 2도에 맞춰져 있어.

옛날에는 많은 것이 달랐어.

우선 지구에 사람이 훨씬 적었어. 세계 인구는 지금까지도 꾸준히 늘고 있어. 그러니 물 소비량도 옛날보다 훨씬 많을 수밖에 없지.
옛날 사람들은 검소하게 살았고, 물도 훨씬 적게 썼어. 논밭에 물을 대는 관개 시설도 잘 없었지. 비가 충분히 내리지 않으면 작물은 시들어 버렸어. 작물을 적게 수확하면 적은 대로 만족하며 살아야 했지.

똥오줌을 물로 씻어 내리는 수세식 화장실도 없었어. 그냥 흙구덩이나 통 위에 앉아 똥오줌을 눴어.

흙구덩이

수돗물도 잘 없었어. 있다고 해도 찬물밖에 안 나왔지. 목욕하는 날이면 몇 시간에 걸쳐 아궁이나 난로에 물을 데웠어. 이건 무척 번거로운 일이라 온 가족이 차례로 같은 물로 목욕을 해야 했어.

빨래는 기껏해야 한 달에 한 번 했어.
손빨래는 고된 노동이었지만, 언제나
여자들의 몫이었지.

빨랫감은 먼저
뜨거운 물에 삶아서
때를 불렸어.

그런 다음 빨래판에 놓고 비누칠을
한 뒤 때가 질 때까지 문질렀어.

마지막으로 빨래 통에 깨끗한
물을 받아 헹구었지.

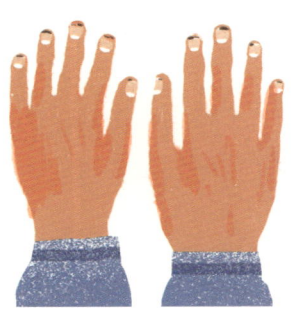

집 가까이에 강이 있으면, 강에 나가 빨래를 하기도
했어. 겨울이면 강물은 얼음처럼 차가워. 찬물과
뜨거운 물, 빨랫비누 때문에 여자들의 손은 트고
갈라졌어. 하지만 손이 채 낫기도 전에 빨래하는
날이 다시 돌아오곤 했어.

사실 지구의 물은 한 방울도 사라지지 않아.

물은 끊임없이 순환하고 어디에나 있어. 강과 호수, 바다뿐 아니라, 땅속에도 있고 대기 중에도 있지.

강과 호수, 바닷물은 태양열을 받으면 증발해서 눈에 안 보이는 수증기가 돼. 수증기는 하늘 높이 올라가면서 차츰 식어 다시 물방울로 변해. 이 물방울들이 모이고 모이면 구름이 돼. 구름이 점점 커져서 너무 무거워지면 마침내 비가 되어 땅으로 내려와.

땅속에 있어서 우리 눈에 보이지 않는 물도 있어.
바로 지하수야.

빗물이 땅속으로 스며들면 지하수가 돼. 물은 흙이나 모래, 자갈, 심지어 암석층도 통과해. 땅의 성질에 따라 때론 무척 빠르게, 때론 무척 느리게 스며들지. 진흙처럼 통과하기 어려운 층을 만나면 물은 그곳에 고여.

사람이 사는 곳이라면 어디든 지하수를 퍼 올려서 쓰고 있어. 지하수는 독일 사람들이 마시는 식수의 70퍼센트 이상을, 한국 사람들이 쓰는 생활용수의 40퍼센트 이상을 차지해.

정수장

강

지하수

부유대수층

지하수도 개천이나 강으로 흘러가.

지하수는 작은 틈으로 흐를 때도 많아. 심지어 산에도 물이 흐르면서 만들어진 지하 통로와 동굴이 있고, 가끔은 복잡한 미로를 이루기도 해.

정수장에서는 물을 깨끗이 걸러 마실 수 있는 상태로 만들어.

물은 강이나 호수, 저수지, 땅속에서 끌어와. 그럼 정수장에서
지하수를 깨끗하게 만드는 과정을 한번 살펴볼까?

① **펌프**로 땅속 깊은 곳에 있는 물을 끌어올려.

② 끌어올린 물에 오존과 약품을 섞어. 그러면 물속의 불순물을 없앨 수 있어.

③ 물을 층층이 쌓인 모래 속으로 흘려보내. 그러면 고운 체로 거른 것처럼 작은 불순물까지 모두 걸러져.

④ 깨끗하게 거른 물은 **정수지**에 모아 둬. 아침 7시에 수많은 사람이 동시에 씻어도 문제가 없도록 말이야.

실험실에서는 정수 과정을 거친 물이 정말로 깨끗한지 확인해. 때로는 오존이나 염소를 넣어 남은 세균을 없애기도 해.

깨끗한 물에 세균이 들어가는 것을 막기 위해 정수지에서는 반드시 방호복을 입어야 해.

정수지

여기에서 깨끗한 물이 상수도관을 타고 각 가정으로 보내져.

5. 정수지가 물을 공급해야 하는 건물보다 높은 곳에 있으면 수압 때문에 물이 위층까지 쉽게 올라가. 하지만 정수지가 건물보다 낮은 곳에 있으면 펌프로 물을 퍼 올려야 해.

수직 배관

3. 그런 다음 건물이나 소화전 지하에 설치된 급수관으로 들어가.

4. 건물의 수직 배관은 수돗물을 지하에서 끌어올려서 각 층으로 보내. 건물의 각 층에는 수도꼭지와 연결된 관이 따로 있어.

더러운 물은 **하수 처리장**으로 흘러가서 여러 단계를 거친 뒤 다시 깨끗해져.

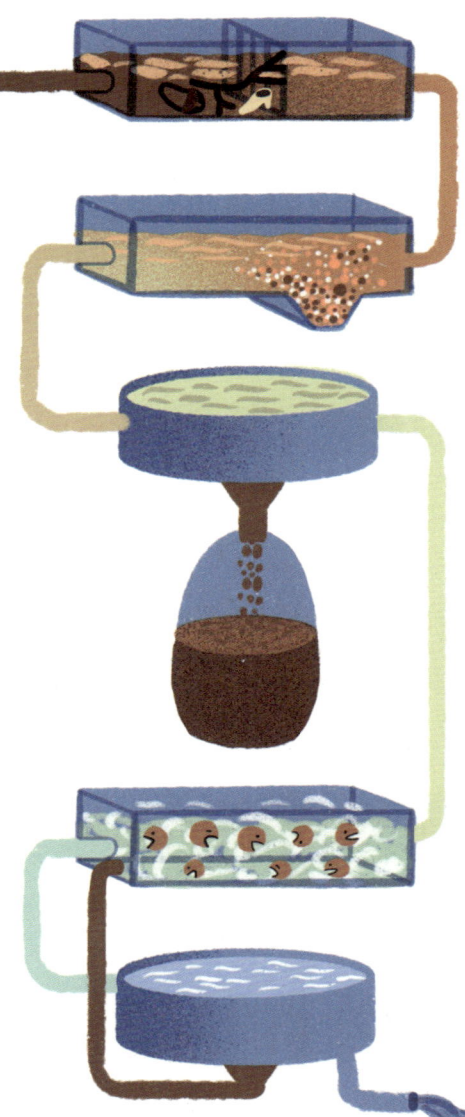

① 더러운 물은 **창살 모양 여과 장치**를 지나가. 그러면 물에 떠다니는 쓰레기들이 걸러져.

② **침사지**에서는 모래, 돌멩이, 유리 조각 따위가 바닥으로 가라앉아.

③ 침사지를 거친 물은 **최초 침전지**에서 한동안 머물러. 그러는 사이에 슬러지라고 하는 오염 물질이 바닥으로 가라앉아.

④ 슬러지는 **소화조**로 가서 분해돼. 이 과정에서 이산화탄소나 메탄가스가 생겨나.

⑤ **포기조**에서는 산소와 미생물을 이용해 아직 물속에 남은 오염 물질을 분해해.

⑥ 포기조를 거친 물은 **최종 침전지**에서 한동안 머물러. 그러는 사이 포기조에서 미생물이 분해한 찌꺼기들이 가라앉아.

⑦ 이 과정을 거쳐 정화된 물은 근처 강이나 바다로 보내져서 순환 과정을 되풀이해.

물을 가장 많이 쓰는 산업은 농업이야.
전 세계 담수의 70퍼센트 정도가 농사를 지을 때 쓰여.
비가 적게 오는 곳에서 농사를 지으려면 농경지로 물을
끌어와야 해. 그래서 댐이나 저수지, 수로, 양수기,
스프링클러 같은 관개 시설이 필요해.

거의 모든 것에 물이 숨어 있어.

동물과 식물이 물 없이 못 사는 건 두말할 필요가 없어. 하지만 우리가 사는 모든 물건에 물이 숨어 있는 줄은 몰랐을 거야.

금속이나 석탄 같은 원료는 채굴할 때부터 물이 들어가. 원료를 제품에 필요한 재료로 만들 때 또 물이 많이 쓰이지. 금속이나 플라스틱 없이는 휴대폰이나 자동차 같은 물건을 만들 수 없어.

옷에 들어가는 천을 만드는 데도 물이 필요해.

물건을 만드는 데 들어가는 모든 물을 **가상 물**이라고 해. 눈에 보이지는 않지만 모든 물건을 만드는 과정에는 물이 쓰이기 때문이야. 그건 우리가 더 많은 물건을 쓸수록 더 많은 물을 쓴다는 뜻이기도 해.

달걀 하나가 나오기까지 **200리터**의 물이 쓰여. 닭의 사료인 밀은 물을 아주 많이 먹고 자라거든.

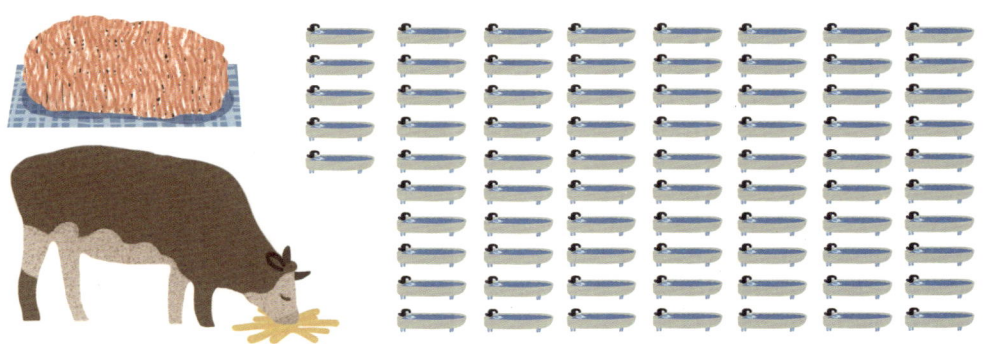

소고기 1킬로그램에는 **1만 5천 리터**의 물이 숨어 있어. 욕조 75개를 가득 채울 수 있는 양이야.

청바지 하나를 만들려면 **1만 1천 리터**가 넘는 물이 쓰여. 웬만한 작은 수영장에 들어가는 물보다 많아.

우아!

지하수가 줄고 있어.
물이 다시 채워지기 전에
너무 많이 끌어다 써서 그래.

사람들이 사용한 물은 대부분 자연으로 돌아가
순환 과정을 되풀이해. 따라서 지하수의 양은
늘 일정해. 하지만 우리가 물을 너무 많이 쓰면
지하수 수위가 낮아져. 지하수 수위가 낮아지는 건
큰일이야. 수위가 몇 센티미터만 낮아져도 뿌리를
얕게 내리는 식물은 물을 빨아들이지 못하거든.

지하수

지하수 수위가 계속 낮아지면 **우물**도 말라. 게다가 나무도 제대로 자라지 못해. 잎이 너무 일찍 지거나 심지어 말라 죽기도 해.

농사를 지으려면 하늘에서 내리는 비보다 더 많은 물이 필요해. 그래서 지하수를 끌어다 쓰는 일이 많은데, 그게 더 큰 문제를 만들어.

지하수 수질도 나빠질 수 있어. 물의 양은 줄어드는 데 **유해 물질**의 양은 줄지 않기 때문이지.

흙이 마르면 지반이 약해져서 내려앉을 수도 있어. 그러면 집과 도로에 **금**이 가.

물은 누구 것일까?

최대한 많은 사람이 최대한 오랫동안 물을 쓸 수 있게 하려고 만든 법이 있어. 이것을 **수법**이라고 해. 지하수, 강, 호수, 바다의 물을 어떻게 쓰고 어떻게 보호해야 하는지 정해 놓은 법이야. 사람들은 종종 물을 둘러싸고 다툼을 벌이곤 해. 누군가는 물로 돈을 벌려고 하고, 누군가는 되도록 많은 사람이 쓸 수 있도록 물을 지키려고 하지.

사람들은 늘 물을 두고 싸워 왔어. 고대 점토판을 보면 4천 년 전에 오늘날의 이라크 지역에 있던 두 도시 주민들이 물을 차지하려고 싸웠다는 기록이 나와. 두 도시 모두 티그리스강의 물을 끌어다가 농사를 지었는데, 서로 상대방이 물을 너무 많이 쓴다고 생각한 거지.

세계 인구가 늘어나고 더 많은 사람이 물을 쓸수록 다툼은 더 잦아져. 2014년 물의 사용과 권리에 대한 유엔 다국적 수로 협약이 체결되었어. 이 협약에 따르면 전 세계의 물은 되도록 공평하고 신중하게 분배되어야 해. 무엇이 '공평'한지는 지역에 따라 다를 수밖에 없어서, 이 문제를 두고도 논쟁이 끊이질 않아.

물이 점점 부족해지고 있어.

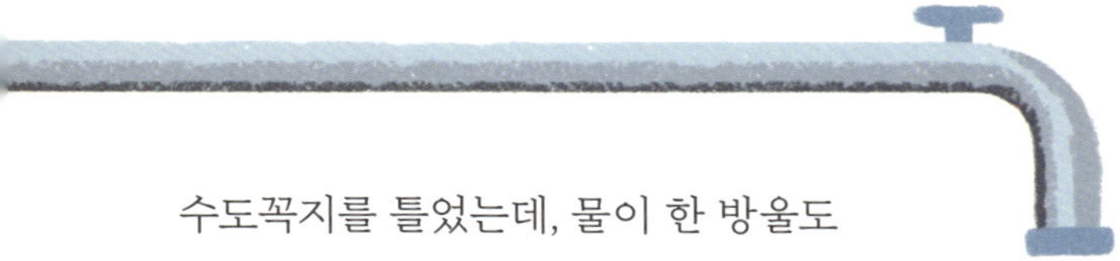

수도꼭지를 틀었는데, 물이 한 방울도 나오지 않는다고 상상해 봐. 어떤 나라에서는 벌써 그런 일이 벌어지고 있어. 전문가들은 도시의 물이 모두 바닥 난 상태를 **데이 제로**라고 불러. 남아 있는 물이 거의 0에 가까워 사람들에게 더는 물을 공급하지 못하는 상태지.

그런 일이 일어나면 물탱크를 실은 화물차가 돌아다니면서 주민들에게 깨끗한 물을 나눠 줘.

아주 건조하고 비가 거의 내리지 않는 지역이 가장 위험해. 사람이 많이 사는 인도나 멕시코뿐 아니라, 북아프리카, 이스라엘을 비롯한 중동 지역에서 데이 제로가 일어날 위험이 커.

물 부족은 선진국 사람들의 소비 습관 때문에 점점 더 심해지고 있어.
식품, 휴대폰, 장난감, 옷 할 것 없이 우리가 사는 모든 물건을 만드는
데는 물이 들어가. 더 많은 물건을 살수록 더 많은 물을 쓴다는
말이지. 그 피해는 물건을 만드는 가난한 나라 사람들에게 고스란히
돌아가. 그곳에 비라도 충분히 내리지 않으면 지하수 수위는 점점
낮아져서 사람들은 삶의 터전을 잃게 돼.

너무 불공평해!

세계 인구의 5분의 1이 자연의 순환
과정으로 돌아가는 물보다 더 많은
물을 쓰는 지역에 살아.

물 찾아 삼만 리!

대부분의 사람은 적어도 집 근처에서 마실 물을 얻을 수 있지만, 그런 일이 언제나 당연한 건 아니야.

세상에는 여전히 강과 호수, 운하의 물을 바로 마시는 사람이 많아.

우물물을 쓰는 사람들도 있어.

마실 물을 찾아 몇 킬로미터를 걸어가야 하는 사람도 있어. 아이들에겐 특히 힘든 일이지. 가족을 위해 물을 길어 와야 하는 아이들은 놀 시간도 학교에 갈 시간도 없어.

전 세계에서 20억이 넘는 사람이 아직도 재래식 변소나 구덩이에서 볼일을 봐. 재래식 변소나 구덩이는 비가 많이 오면 오물이 사방으로 넘쳐서 우물이나 강 같은 상수원으로 흘러들어 가. 그 바람에 이질이나 장티푸스 같은 전염병이 금방 퍼지곤 해. 이런 전염병은 아이들에게 특히 치명적이라 해마다 수많은 아이들이 죽어 가.

물은 모든 사람이 누려야 할 권리야.

그런데도 부유한 기업들은 물을 팔아 돈을 벌려고 세계 곳곳에서 샘과 우물, 지하수가 있는 땅을 사들여.

지금부터 이 우물은 내 겁니다. 물을 마시고 싶으면 돈을 내세요. 좀 비싸겠지만.

그러면 물은 더 이상 지역 사회의 것이 아니라 개인이나 기업의 것이 되어 버려. 이런 일은 자주 가뭄에 시달리는 나라에 특히 나쁜 영향을 끼쳐. 주민들에게도 당연히 좋지 않지. 비싼 돈을 주고 물을 사 먹어야 하니까.

볼리비아의 코차밤바에서는 물을 국가가 아닌 기업이 관리하면서 물 가격이 세 배나 올랐어. 코차밤바 사람들은 분노했고, 저항했어. 결국 볼리비아 정부는 물을 다시 국가에서 관리하기 시작했지.

어떤 기업들은 상수도 시설을 늘리는 데 돈을 쓰지 않아. 그 바람에 아직도 수도관이 연결되지 않은 집이 많지. 게다가 오래되거나 망가진 수도관을 교체하지 않아서 아까운 물이 중간에 새 버리기도 해.

물이 없으면 사는 게 점점 힘들어져.

논밭에 물을 충분히 대지 못하면
수확량이 줄어들어.

그러면 식료품이 비싸져. 농산물뿐
아니라 모든 식품이 말이야. 가축을
키우려면 사료를 먹여야 하는데, 곡물
수확이 줄면 사료 값이 올라. 사료가
비싸지면 달걀, 우유, 고기 같은 동물성
식품값도 덩달아 오를 수밖에 없어.

사람들이 갖고 싶어 하거나 필요로 하는
물건들도 비싸져.

물가가 이렇게 오르면 열심히
일해도 가족을 먹여 살릴 수
없는 사람이 늘어나.

물 부족이 심해지면 갈등도 자주
일어나. 같은 강물을 끌어다 쓰는
이웃 나라끼리 누가 얼마나 많은
물을 쓸 것인지를 두고 다투거든.

대부분의 사람들은 고향을 사랑해. 하지만 생활 환경이 너무 나빠지면 고향을 떠나서
가족과 안전하게 살아갈 수 있는 새로운 땅을 찾아야 해.

물은 교통로가 되기도 해.

우리가 날마다 쓰는 물건 중에는 멀리서 온 것이 많아. 그 대부분이 배로 옮겨져. 아시아에서 출발해 독일 함부르크, 네덜란드 로테르담, 벨기에 앤트워프 같은 유럽의 큰 항구로 이어지는 **뱃길**이 대표적이야.

날씨가 좋으면 컨테이너선으로 아시아에서 유럽까지 물건을 옮기는 데 한 달쯤 걸려. 그런데 컨테이너선에서 내뿜는 배기가스가 환경에 엄청나게 해로워. 큰 바다를 항해하는 선박은 대부분 중유를 쓰는데, 중유를 태우면 건강에 나쁜 매연과 황산화물이 많이 나오거든. 또 선체에는 해양 생물이 달라붙지 못하게 페인트를 칠하는데, 페인트가 녹으면서 흘러나온 독성 물질이 바다를 오염시켜.

선박들은 뜻밖의 밀항자를 실어 오기도 해. 선체에 달라붙거나 화물과 함께 딸려 온 생물들 말이야. 이런 외래종은 토종 생태계를 망가뜨리기도 해.

앞으로 바닷길은 더 짧아질 거야. 기후 변화로 북극의 얼음이 녹으면 북극해로 지나다닐 수 있거든. 그러면 열흘이나 빨리 목적지에 닿을 수 있어. 운항 시간이 짧아져서 좋을 것 같다고? 북극의 얼음이 녹으면 온 세상의 기후가 바뀔 텐데.

북극을 거쳐 유럽에서 아시아로 가려는 꿈은 오래되었어. 스웨덴 탐험가 아돌프 에리크 노르덴셸드가 1879년에 처음으로 그 꿈을 이뤘지. 비록 유빙에 갇혀 북극해에서 겨울을 나야 했지만 말이야.

바다에서는 해적과 마주쳐 곤란을 겪기도 해.

17세기와 18세기에는 바다에 **해적**이 자주 나타났어. 해적들은 의심받지 않고 다른 배에 접근하려고 가짜 깃발까지 달았지. 그러다 배를 공격하기 바로 전에 너희도 잘 아는 해골이 그려진 해적 깃발을 올렸어. 선원들을 겁주려고 말이야.

해적은 시간이 갈수록 점점 줄어들었어. 19세기부터는 해적들이 따라잡기 힘들 만큼 빠른 증기선으로 물건을 날랐거든. 게다가 그때까지만 해도 해적을 죽이는 건 법적으로 아무 문제가 없었어.

이제 이 짓도 못 해 먹겠어!

그런데 몇 년 전부터 해적이 다시 나타나기 시작했어. 오랫동안 내전을 벌이고 있는 아프리카의 소말리아 같은 곳에서 말이야. 소말리아는 일자리가 거의 없어서 먹고살기 힘든 사람들이 너무 많아. 어부들도 실직 상태나 다름없어. 가까운 바다에 물고기의 씨가 말랐거든. 그러다 보니 다른 배를 습격하는 일을 생계 수단으로 삼는 사람들이 나타난 거지. 소말리아 해적은 석유 같은 화물을 훔쳐서 되팔기도 하고, 선원들을 인질로 삼아 몸값을 받아내기도 해.

물은 그 자체로 위협이 되기도 해.

외해의 **괴물 파도**에 관한 이야기는 오랫동안 터무니없는 이야기로 여겨져 왔어. 하지만 지금은 고층 건물만큼 높은 파도가 실제로 존재한다는 사실을 모두 알고 있어. 1995년에는 높이 29미터에 이르는 파도가 유람선 퀸 엘리자베스 2호를 덮쳐 엄청난 피해를 입히기도 했지. 다행히 다친 사람은 없었지만 말이야.

쓰나미라는 이름으로 더 잘 알려진 **지진 해일**은 이름처럼 해저 지진 때문에 일어나. 바닷가 근처에서 높은 파도가 일어 엄청난 양의 바닷물을 육지에 퍼붓고 모든 것을 삼켜 버리지. 바닷물이 다시 빠져나갈 때면 집과 자동차는 물론이고 사람과 동물도 함께 쓸어가 버려. 2004년에는 강력한 지진 해일이 남아시아 해안을 덮쳐 30만 명이 넘는 사람이 목숨을 잃기도 했어.

밀물 때 강한 바람이 겹쳐서 엄청난 양의 바닷물이 육지로 밀려오는 것을 **폭풍 해일**이라고 해. 폭풍 해일은 제방을 무너뜨리고 온 나라를 물에 잠기게 할 만큼 강력해. 1362년 북해 근처에서 '대익사'라고 불리는 강력한 폭풍 해일이 일었어. 이 해일은 영국과 네덜란드, 덴마크, 독일의 내륙과 섬을 휩쓸어서 마을 수십 개가 사라지고 수만 명이 목숨을 잃었지.

강도 흘러넘칠 수 있어. 많은 눈이 빠르게 녹거나, 며칠 동안 폭우가 쏟아지면 도시와 마을이 물에 잠겨. 이처럼 짧은 기간에 갑자기 강물이 넘치는 것을 **돌발 홍수**라고 해. 예를 들어 빙하호의 자연 제방이 무너지면 돌발 홍수가 발생해. 그러면 수천 톤에 이르는 물과 돌무더기가 계곡으로 한꺼번에 쏟아져.

적은 양의 물도 위험할 수 있어. 겨울철에 갑자기 비가 내려 얼어붙으면 아스팔트에 **블랙 아이스**라 불리는 얇은 빙판이 생겨. 그러면 사람이든 자전거든 자동차든 모두 위험해.

사람들 때문에 바다가 바뀌고 있어.

그물로 바다 밑바닥을 쓸면서 물고기를 싹쓸이하는 새로운 어업 방식 때문에 세계 곳곳에서 **남획**이 이루어지고 있어. 이젠 물고기가 거의 남아 있지 않은 바다도 많아.

농사지을 때 쓴 **비료**는 바다에 들어가 조류를 비정상적으로 불어나게 해. 조류가 죽으면 세균에 의해 분해되는데, 이 과정에서 많은 산소가 쓰여. 그 바람에 바다에 산소가 거의 없는 곳이 생겨나. 이런 곳을 '죽음의 바다'라고 불러. 죽음의 바다에서 살아남을 수 있는 생물은 몹시 드물어. 바닷속 생물에게도 산소가 필요하거든.

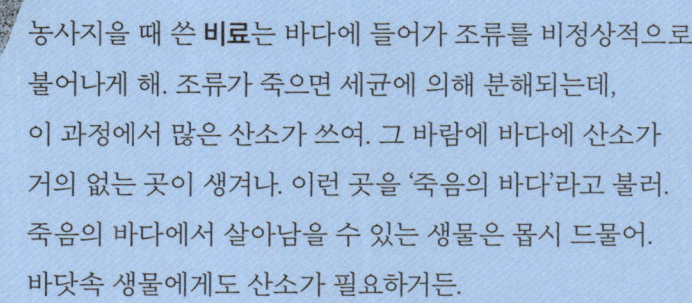

바다는 물건을 만들거나 실어 나를 때 나오는 **유해 가스**를 흡수해. 그 바람에 점점 산성화되고 있지. 바닷속의 작은 생물이 수없이 죽어 가고, 물고기들도 먹이를 구하기 힘들어서 죽어 가. 산성화된 바다는 산호의 석회질을 녹여서 해양 생물의 보금자리인 산호초를 파괴하기도 해.

수많은 쓰레기가 바다에 버려져.

세계 모든 나라가 제대로 된 하수 처리장과 쓰레기 처리장을 갖추고 있는 건 아냐. 특히 중국의 양쯔강이나 인도의 갠지스강을 통해 수많은 쓰레기가 바다로 흘러드는데, 그중 대부분이 **플라스틱**이야.

물고기와 바닷새는 작은 플라스틱 조각을 먹이로 착각해서 삼키곤 해. 그러면 플라스틱으로 배가 가득 차서 먹이를 먹지 못하고 굶어 죽고 말아.

사람들이 쓰다 버린 **그물**도 바닷속을 떠다니고 있어. 이런 그물을 유령 그물이라고 해. 바다거북과 고래, 돌고래, 상어가 유령 그물에 걸려 비참하게 죽어가.

플라스틱이 완전히 분해되기까지는 수백 년이 걸려. 바다 쓰레기는 바람과 해류를 따라 전 세계 바다로 흩어졌다가 결국에는 다섯 군데쯤 되는 지역에 모여서 **쓰레기 섬**을 이뤄. 그중 가장 큰 쓰레기 섬은 한반도 크기의 일곱 배나 돼.

미세 플라스틱
(가장 작은 플라스틱 조각)

플라스틱은 **독성 물질**을 품고 있어. 따라서 플라스틱이 바다로 흘러가면 그 안의 독성 물질도 당연히 바다에 들어가. 그것을 먹은 물고기와 해양 생물이 우리 식탁에 오르면 결국 우리도 독성 물질을 먹게 되는 셈이야.

사람들은 심해에까지 손을 뻗치고 있어.

수심 200미터가 넘는 바다를 **심해**라고 해. 심해는
지구에서 가장 큰 서식지이자, 가장 연구가 안 된 곳이야.

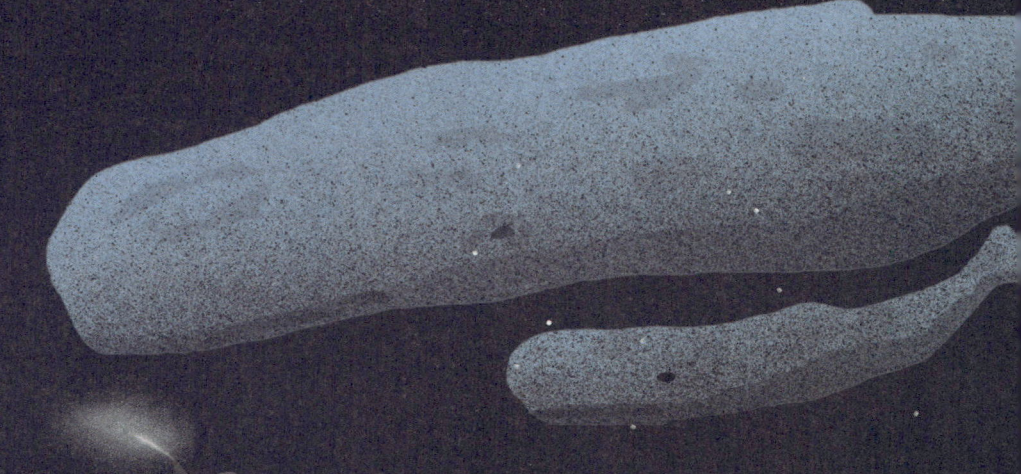

지구에서 가장 깊은 곳은 **마리아나 해구**야.
태평양 서부에 2천 550킬로미터쯤 뻗어 있는데,
가장 깊은 곳은 깊이가 자그마치 1만 1천 미터나
돼. 이렇게 깊은 데서도 인간의 흔적은 발견돼.
바로 미세 플라스틱이야.

미세 플라스틱

심해 잠수정

수심 1천 미터 아래로는 아예 빛이 뚫고 들어갈 수 없지만, 그 심해에서도 살아가는 생명이 있어. 다만 심해는 매우 척박한 곳이라서 심해에 적응한 아주 적은 수의 생물만 살아. 수심 700미터부터는 심해 생물 중 열의 아홉이 스스로 빛을 내. 먹잇감과 짝짓기 상대를 끌어들이고, 적을 혼란에 빠뜨리기 위해서야.

심해 로봇

그런데 이런 심해가 위험에 처해 있어. 해저에는 중요한 자원이 많은데, 몇몇 기업은 벌써 어떻게든 그 자원을 손에 넣으려고 군침을 흘려. 하지만 해저 자원을 캐내면 심해 생물의 서식지는 파괴될 게 뻔해. 심지어 채굴 과정에서 해저에 묻혀 있던 엄청난 양의 탄소가 나올 수도 있어. 탄소가 대기 중에 나오면 기후 변화가 더 빨라질 거야.

기후가 바뀌고 있어.

지구는 대기라고 하는 보호막에 둘러싸여 있어. 대기는 온실처럼 햇빛을 안으로 들인 다음 그 열기를 가두는 역할을 해. **온실 효과**라는 말도 그래서 나왔어. 수증기는 가장 중요한 온실가스인데, 햇빛에 증발한 물이 하늘로 올라갈 때 생겨.

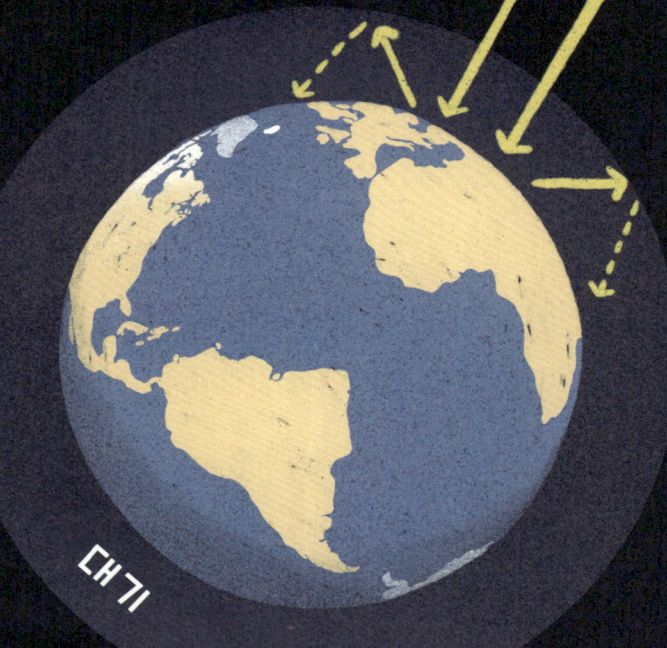

이 자연 온실이 없으면 지표면의 온도는 평균 영하 18도로 떨어질 거야. 대기 덕분에 지구는 영상 15도를 유지하고 있어.

몇 년 전부터 과학자들은 사람 때문에 생긴 온실 효과에 주목하고 있어. 사람들은 석유 같은 화석 연료를 태워 에너지를 얻고, 숲을 불태워 새로운 농경지를 만들어. 그 때문에 온실 효과를 부추기는 온실가스들이 더 많이 나오고 있어. 온실가스가 늘어날수록 태양열을 많이 붙잡아 두기 때문에 지표면은 더 뜨거워질 수밖에 없어. 이런 식의 기후 변화는 미래의 삶에 심각한 영향을 끼칠 거야.

가뭄과 폭풍우가 점점 심해지고 있어.

앞으로 물이 많은 나라에서는 예전보다 비가 훨씬 많이 내리고, 물이 부족한 나라에서는 훨씬 적게 내릴 거야.

벌써 많은 사람이 극심한 가뭄으로 고통받고 있어. 오랫동안 비가 내리지 않으면 농작물을 기르기 어렵거든. 가뭄은 늘 굶주림을 불러왔어. 앞으로는 그런 일이 더 자주 일어날 거야.

인도 사람들은 기후 변화의 결과를 벌써 느끼고 있어. 우기가 늦게 시작될 뿐 아니라 강수량이 예전보다 훨씬 적어서 지하수와 저수지가 채워지질 않아.

논밭에 물을 충분히 주지 못해 수확량이 급격하게 줄고 있어.

수도 뉴델리의 일부 지역에서는 해마다 지하수 수위가 2미터씩 낮아지고 있어.

기후 변화는 홍수를 불러오기도 해.

가뭄 뒤에 폭우가 내리면 땅은 너무 메마른 상태라
처음엔 물을 거의 흡수하지 못해. 그래서 홍수가 이어져.
홍수도 농사를 망치기는 마찬가지야.

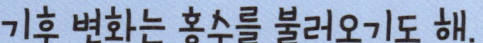

지구 온난화로 전 세계의 빙하가 녹고 있어. 빙하 아래쪽 산자락에 사는 사람들은 언제 닥칠지 모르는 홍수와 범람에 대비해야 해. 게다가 빙하가 다 녹아 새로 들어오는 물이 없으면 계곡은 마르고 가뭄이 찾아올 거야.

해수면이 점점 높아지면서 해안 지역이 물속으로 사라지고 있어. 인도네시아 대통령은 수도를 옮기겠다고 발표하기도 했어. 인도네시아 수도인 자카르타의 일부 지역은 해수면보다 낮거든. 과학자들은 앞으로 수십 년 안에 자카르타가 완전히 물에 잠길 거라고 예상해. 앞으로 살 곳을 찾아 고향을 떠나는 사람이 점점 늘어날 거야.

다행히 사람들은 창의력이 풍부해.

부자 나라들은 해수면 상승에 대비해 벌써부터 제방을 쌓고 있어.

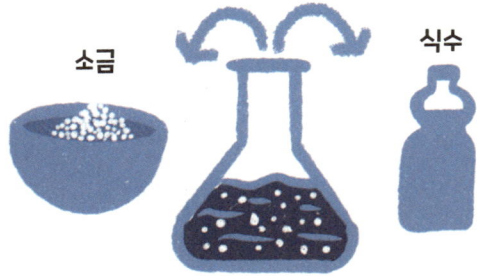

해안 지역의 사람들은 비에만 의존하지 않으려고 바닷물에서 염분을 제거해 식수로 만들어. 하지만 그런 담수화 시설을 운영하려면 돈과 에너지가 많이 들어.

생태학자와 농업 공학자들은 적은 물로도 잘 자라는 농작물을 시험적으로 재배하고 있어.

완벽하게 정화한 폐수는 곧바로 다시 쓸 수 있어. 국제 우주 정거장(ISS)에서는 이미 그렇게 하고 있어. 거기는 물이 매우 부족해서 소변도 정화해서 식수로 써.

물이 부족한 지역에서는 빗물 저장 시설을 만들어.

기술자들은 물이 거의 새지 않는 관개 시설을 개발 중이야.

수력 발전은 깨끗한 전기를 만드는 방법 중 하나야.

여기서 '깨끗하다'라는 말은 전기를 만들 때 화석 연료를 거의 쓰지 않고, 온실가스를 배출하지 않는다는 뜻이야. 전 세계 전기 사용량의 15퍼센트가 수력 발전으로 만들어지고, 수력 발전에는 다양한 기술이 사용돼.

유입식 발전소는 흐르는 강물을 그대로 이용해 전기를 생산해. 댐을 지어 물을 가두지 않는다는 말이지. 생산량은 흐르는 물의 양에 좌우되고, 비교적 일정해. 그러다 보니 갑자기 전기가 많이 필요할 때는 적합하지 않아.

저수지식 발전소는 전기 사용량이 갑자기 늘어나도 대응할 수 있어. 저수지를 지어 강물을 저장한 다음 필요할 때 흘려 보내 전기를 만들거든. 저수지에서 쏟아진 강물은 낙차의 힘으로 발전기와 연결된 터빈을 돌려. 발전기에서는 운동 에너지를 전기로 바꾸고, 전기는 전선을 타고 곳곳으로 보내져.

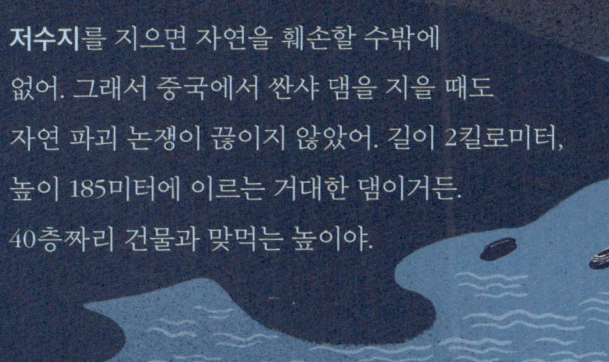

저수지를 지으면 자연을 훼손할 수밖에 없어. 그래서 중국에서 싼샤 댐을 지을 때도 자연 파괴 논쟁이 끊이지 않았어. 길이 2킬로미터, 높이 185미터에 이르는 거대한 댐이거든. 40층짜리 건물과 맞먹는 높이야.

게다가 댐 건설과 함께 길이 600킬로미터가 넘는 저수지가 생겨났어. 600킬로미터면 서울에서 부산까지 거리보다 훨씬 긴 거리야.

저수지가 생기면서 원래 마을과 도시였던 곳이 모두 물에 잠겼고, 200만 명이 넘는 사람이 고향을 떠나야 했어. 동식물의 터전이 사라진 것은 말할 것도 없지. 이게 바로 '깨끗한' 에너지의 숨은 단점이야.

밀물과 썰물, 파도로도 전기를 만들 수 있어.

독일의 북해 연안에서는 해수면의 높이가 고작 몇 시간 사이에 2~4미터씩 오르내려. 대서양 연안의 펀디만에서는 밀물과 썰물 때 해수면의 높이 차이가 16미터나 돼.

밀물과 **썰물**은 두 가지 힘 때문에 생겨.

사과가 나무에서 떨어지는 것은 지구가 물체를 끌어당기는 힘, **인력** 때문이야.

회전 그네를 탈 때 우리는 **원심력**을 느껴. 우리 몸을 자꾸 바깥쪽으로 밀어내는 힘이지.

밀물과 썰물은 달의 **인력**이 지구의 물을 끌어당기면서 생겨. 달과 가까운 쪽에 있는 바다는 달이 더 세게 끌어당기지. 밀물 때 해수면이 가장 높아지는 만조 현상도 그래서 생기는 거야. 그런데 지구는 가만히 서 있는 게 아니라 자전을 해. 그래서 그 반대편에서도 지구의 **원심력** 때문에 만조 현상이 일어나. 이 두 번의 만조 사이에는 두 번의 간조가 있어. 간조는 만조와 반대로 바닷물이 밀려가 해수면이 가장 낮아진 상태야.

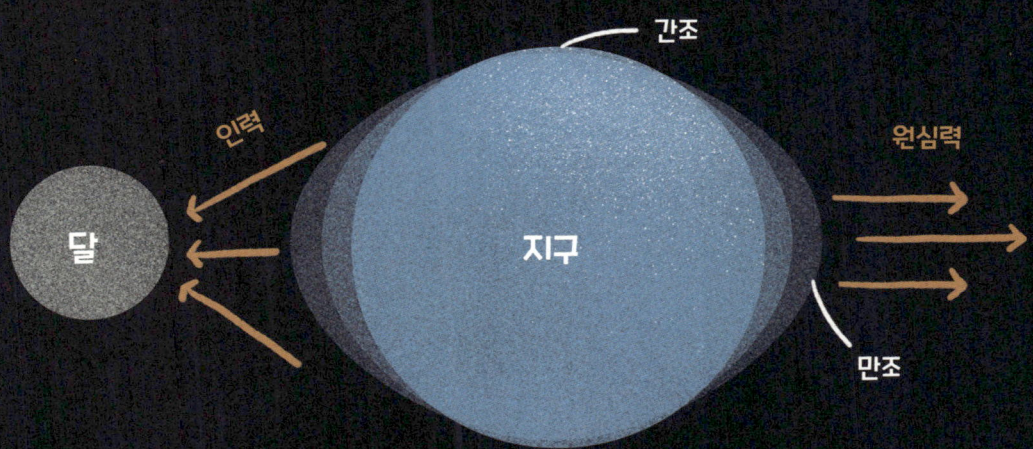

바닷가에서는 물이 밀려왔다 밀려가는 이런 일이 끊임없이 되풀이돼. 사람들은 이런 물의 흐름을 **조력** 발전에 이용해. 밀물 때 물을 가두어 두었다가 썰물 때 내보내면 물속에 설치한 발전기의 터빈이 돌아가. 발전기는 그렇게 만들어진 운동 에너지를 전기로 바꿔.

물과 관련된 직업은 많아.

남자든 여자든 누구나 물과 관련된 일을 할 수 있어.

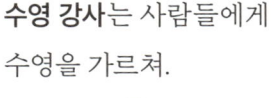

수영 강사는 사람들에게 수영을 가르쳐.

수상 안전 요원은 바닷가나 수영장에서 사고가 일어나지 않게 감독해.

토목 공학자는 물과 관련된 건축물이나 시설을 설계하고 관리해. 상수도 시설, 하수 처리장, 항구, 댐 같은 것들 말이야.

배관 기술자는 하수관을 설치하고, 점검하고, 수리해.

정수 시설 운영 관리사는 모두에게 깨끗한 식수를 공급할 수 있도록 상수도 시설을 관리하고 정비해.

소방관은 물과 관련된 다양한 일을 해. 물로 불을 끄고, 물에 잠긴 지하실과 지하도에서 물을 빼고, 홍수에 대비해 모래주머니를 쌓고, 여름이면 불어난 계곡물에 갇힌 사람들을 구해.

수리 지질학자는 강과 호수, 지하수 같은 육지의 모든 물을 연구해.

바다에서 수리 지질학자와 비슷한 일을 하는 사람은 **해양 생물학자**야.

어부는 대개 새벽에 바다에 나가 그물을 던져.

부두 노동자는 항구에서 트럭이나 지게차, 수레 따위로 배에 짐을 싣고 내려.

생수 공장은 대부분 자동화되어 있어. **공장 기술자**는 병에 생수를 채우는 과정이 순조롭게 이루어지도록 관리해.

선원은 배를 운항하는 데 필요한 모든 일을 해.

선장은 배의 최고 책임자야. 세계 곳곳에서 만들어진 물건을 실어 나르는 대형 화물선부터 수천 명의 관광객을 태운 유람선 또는 작은 유람선까지 모든 배에는 항해를 이끄는 선장이 있어.

집에서도 물을 아껴 써야 해.

물은 소중해. 언제 어디서나 잊지 말아야 할 사실이야.

목욕보다는 샤워를 하고, 절수형 샤워기나 수도꼭지처럼 물을 덜 쓰는 장치를 써야 해. 이런 장치들은 물에 공기를 섞어서 수압을 높이고 물의 표면적을 넓혀 줘. 그래서 적은 양의 물도 효과적으로 쓸 수 있어.

물이 새는 수도꼭지와 샤워기, 변기는 최대한 빨리 고쳐.

비누칠할 때는 수도꼭지와 샤워기를 잠가.

가르르르

양치질할 때는 물을 틀어 놓지 말고 컵에 물을 받아서 써.

소변을 봤을 때는 꼭 절수 버튼을 눌러.

세탁기는 꼭 가득 채워서 돌려.

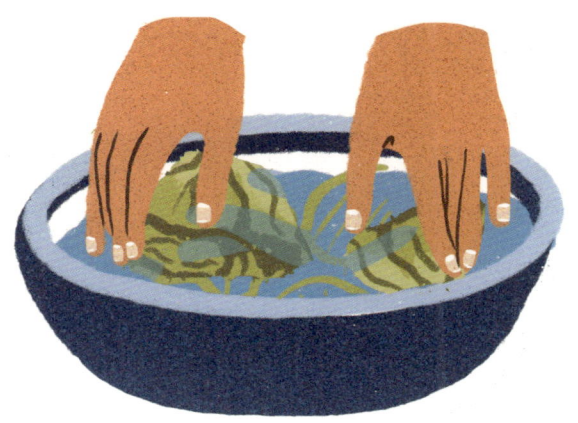
채소와 과일은 흐르는 물에 씻지 말고 그릇에 담아서 씻어.

마당이 있는 집에서는 빗물을 통에 모았다가 식물에 물을 줘.

식기세척기와 세탁기는 친환경 기능으로 사용해.

가전제품이 고장 나면 물과 에너지 절약형 제품을 사.

똑똑하게 장을 보면 물을 아낄 수 있어.

되도록 제철 과일과 채소를 사. 다른 식품도 지역에서 생산된 것을 사는 게 좋아. 기본 원칙은 간단해. 운송 거리가 짧을수록 환경에 도움이 된다는 거지. 게다가 우리가 슈퍼에서 사는 익숙한 과일 중에는 물이 부족한 지역에서 수입한 게 많아.

안타깝게도 이제 자기 나라에서 만들어진 물건만 사는 건 거의 불가능해. 하지만 스스로 물어볼 수는 있어. 이렇게 많은 물건을 살 필요가 있을까? 흰 티셔츠가 세 벌이나 필요할까? 사인펜이 있는데 또 사야 할까? 마음에 든다고 다른 장난감을 또 사는 게 맞을까? 나한테 오래 즐거움을 줄 물건만 사야 해. 어떤 물건은 벼룩시장이나 인터넷에서 중고로 살 수도 있어.

그 책 다 읽으면 나 빌려줘!

좋아!

책을 돌려 가며 읽는 것도 괜찮은 방법이야. 책을 만드는 데도 물이 쓰이기 때문이지.

토양을 지켜야 물도 지킬 수 있어.

지하수는 우리 생활에 두루 쓰여. 그런데 토양이 오염되면 독성 물질이 지하수로 흘러들어 가.

되도록 유기농으로 키운 과일과 채소, 달걀, 고기를 사는 게 좋아. 유기농 제품은 키울 때 화학 성분이 들어간 비료와 살충제를 쓰지 않거든.

약품과 래커, 페인트, 건전지 같은 것들은 절대 변기나 하수구에 버리면 안 돼. 화학 물질과 항생제 성분은 하수 처리장에서도 완전히 걸러지지 않거든. 남은 약은 약국에 갖다 줘. 래커와 페인트는 특수 폐기물로 따로 버리고. 건전지와 충전기는 수거함이 따로 있어.

빵 보관함에 빵을 보관하면 지퍼 백에 넣거나 랩을 씌우지 않아도 돼.

정원이나 텃밭을 가꿀 때는 살충제나 화학 비료를 쓰지 않거나 되도록 적게 써.

자동차는 세차장에서만 세차해.

세탁, 주방, 청소용 세제는 플라스틱 용기에 담겨 있지 않은 것을 써.

많은 플라스틱이 바다로 흘러들어 가고 있어. 바다가 오염되지 않게 하려면 플라스틱 사용을 줄여야 해. 과일과 채소는 포장되지 않은 것으로 사고, 천으로 만든 장바구니를 쓰는 거야. 어때, 할 수 있겠지?

글　**크리스티나 슈타인라인**
세상에서 가장 아름다운 호숫가에서 자란 덕분에 일찍부터 물을 사랑하게 되었어요. 독일 뮌헨 대학교에서 하천 생태학을 공부하고, 독일 언론 학교(DJS)에서 편집을 공부했어요. 지금은 가족과 함께 뮌헨의 물가에 살고 있답니다.

그림　**미케 샤이어**
독일 오스나브뤼크와 올덴부르크 사이에 있는 작은 마을에서 태어났어요. 독일 프라이부르크 대학교에서 문화학을 공부한 뒤 함부르크 응용과학 대학교에서 일러스트레이션을 공부했지요. 지금은 함부르크에서 일러스트레이터로 활동하고 있어요.

옮김　**박종대**
한국에서 독문학을 전공한 뒤 독일 쾰른에서 문학과 철학을 공부했어요. 환경을 위해 어디까지 현실적인 욕망을 포기할 수 있는지, 어떻게 사는 게 진정 자신을 위하는 길인지 고민하는 제대로 된 이기주의자가 되고자 해요.
지금까지 《1도가 올라가면 어떻게 될까?》,《데미안》,《수레바퀴 아래서》,《청소년을 위한 환경 교과서》, 《미친 세상을 이해하는 척하는 방법》,《바르톨로메는 개가 아니다》 들을 번역했어요.

똑똑교양 — 깊고도 넓은 교양의 세계로 들어서는 첫걸음!

《라면을 먹으면 숲이 사라져》
최원형 글 | 이시누 그림 | **펴낸날** 2020년 10월 23일
형태 165×225mm, 반양장, 216쪽 | **값** 13,000원 | **ISBN** 979-11-5836-207-2 74530
주제어 환경, 생태, 지구, 생명
교과 연계 과학 3-2-2 동물의 생활, 과학 3-2-3 지표의 변화, 과학 5-2-2 생물과 환경, 과학 6-2-5 에너지와 생활

오늘 내가 입은 옷, 오늘 내가 먹은 라면, 오늘 내가 즐긴 돌고래 쇼가 다른 생물과 환경에 어떤 영향을 끼치는지 보여 주는 책.

★ 소년한국일보 우수어린이도서 | 경남독서한마당 선정도서 | 미추홀북 선정도서
　대구 올해의 책 선정도서 | 올해의 과학도서 선정도서 | 올해의 어린이 환경책 선정도서

《좀 더럽지만 꽤 재밌는 내 몸 도감: 눈에 보이는 것 편》
나가미네 에이타로 글 | 도게도게 그림 | 후지타 고이치로 감수 | 박현미 옮김
펴낸날 2021년 10월 25일 | **형태** 190×210mm, 양장본, 104쪽 | **값** 15,000원
ISBN 979-11-5836-266-9 74400
주제어 우리 몸, 똥, 오줌, 면역, 위생, 의학
교과연계 봄 2-1-1 알쏭달쏭 나, 과학 6-2-4 우리 몸의 구조와 기능

더럽고 쓸모없다고 여겨지는 우리 몸에서 나오는 것들이 왜 나오는지, 어떻게 만들어지는지를 설명하며 우리 몸을 건강하게 관리하는 법까지 알려 주는 '우리 몸 백과사전.'

《좀 더럽지만 꽤 재밌는 내 몸 도감: 눈에 보이지 않는 것 편》
나가미네 에이타로 글 | 도게도게 그림 | 후지타 고이치로 감수 | 박현미 옮김
펴낸날 2021년 12월 20일 | **형태** 190×210mm, 양장본, 104쪽 | **값** 15,000원
ISBN 979-11-5836-282-9 74400
주제어 우리 몸, 방귀, 트림, 면역, 위생, 의학
교과연계 봄 2-1-1 알쏭달쏭 나, 과학 6-2-4 우리 몸의 구조와 기능

트림, 꼬르륵 소리, 방귀, 입 냄새처럼 매일 우리 몸에서 나오는 눈에 보이지 않는 것 36가지에 대해 알려 주는 책.

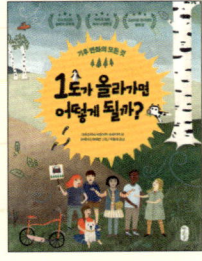

《1도가 올라가면 어떻게 될까?: 기후 변화의 모든 것》
크리스티나 샤르마허-슈라이버 글 | 슈테파니 마리안 그림 | 박종대 옮김
펴낸날 2022년 3월 20일 | **형태** 165×220mm, 양장본, 96쪽 | **값** 15,000원
ISBN 979-11-5836-311-6 74450
주제어 기후 변화, 환경 보호, 날씨, 지구 온난화, 온실 효과, 쓰레기
교과연계 과학 3-2-3 지표의 변화, 과학 5-2-3 생물과 환경. 과학 6-2-5 에너지와 생활

과학·문화·역사·지리적 관점에서 살펴본 기후 변화의 모든 것을 어린이의 눈높이에 맞춰 정확하고 친절하게 설명한 책.

★ 오스트리아 올해의 과학책 | 라이프치히 독서 나침반상 | 구스타프 하이네만 평화상 | 독일 아동청소년문학
　아카데미가 선정한 이달의 기후책 | 프랑스-독일 문화 협력 재단 프랑스-독일 청소년 문학상 선정도서